LA
RÉPÉTITION DE L'INDU

EN DROIT ROMAIN

ET EN DROIT FRANÇAIS

THÈSE POUR LE DOCTORAT

SOUTENUE

LE 9 JUILLET 1870 A 2 HEURES

Par Henry MAURIN

Avocat à la Cour Impériale de Paris

Président : M. DEMANTE

SUFFRAGANTS :
MM. VALETTE
GIRAUD
LABBÉ
} PROFESSEURS

ACCARIAS } AGRÉGÉ

PARIS

ANCIENNE MAISON GUSTAVE RETAUX

PICHON-LAMY ET DEWEZ, LIBRAIRES-ÉDITEURS

RUE CUJAS 15

1870

DROIT ROMAIN

DE CONDICTIONE INDEBITI

(Dig. liv. 12, tit. 6. — Code, liv. 4, tit. 5.)

L'objet de la thèse que nous nous proposons de soutenir est, en droit romain, la *condictio indebiti*, en droit français, la répétition de l'indu, son équivalent.

Nous allons étudier successivement les conditions nécessaires pour qu'il y ait lieu à la *condictio indebiti*, les cas où elle n'est pas admise, qui peut l'invoquer, contre qui on peut l'invoquer, quel est son objet, et enfin quelles preuves doivent être fournies.

CHAPITRE PREMIER

CONDITIONS NÉCESSAIRES POUR QU'IL Y AIT LIEU A LA CONDICTIO INDEBITI

Pour qu'il y ait lieu à la *condictio indebiti*, il faut qu'il y ait eu paiement. Il faut en second lieu, que ce

1

qui a été payé soit indu. Mais il peut y avoir absence de dette de deux manières : *ex re*, s'il n'y a absolument pas de dette ; *ex personis*, si le *solvens* et l'*accipiens* ne se trouvent pas vis-à-vis l'un de l'autre dans la situation de débiteur et de créancier ; une dette existe bien, mais entre d'autres personnes.

Absence de dette *ex re*. — La *condictio indebiti* étant fondée sur l'équité, l'existence d'une dette naturelle suffirait pour rendre impossible l'exercice de cette action. L'*indebitum* ne se conçoit que quand il n'y a ni dette naturelle, ni dette civile ; ou encore, quand la demande du créancier aurait pu être paralysée par une exception perpétuelle. Quant à la dette qui a été contractée sous condition, elle n'existe véritablement pas, tant que la condition ne s'est pas réalisée.

Voici une hypothèse où une personne a payé sans qu'il existât aucune dette. Titius meurt ; son fils, devenu son héritier, se figure que son père avait promis cinquante sesterces à Seius, et les lui paie, puis il reconnaît son erreur et répète la somme qu'il a payée indûment. L'espèce suivante présente un cas où on peut dire encore qu'il n'y avait pas dette, parce qu'une chose autre que la chose due a été payée. Débiteur de 2000 sesterces, je paie à mon créancier cent mesures de blé ; en payant autre chose que ce que je devais, j'ai, par là même, payé l'indu et je vais pouvoir répéter. Toutefois, il est à sous-entendre que j'ai payé par erreur ces cent mesures de blé, et d'autre part, qu'en les recevant, mon créancier n'a pas consenti à me libérer de mon obligation de lui fournir les 2000 sesterces ; en effet, s'il y avait consenti, il y aurait eu *datio in solutum* et extinction de la dette.

Lorsqu'une personne qui a promis un esclave transporte par erreur à son créancier la propriété d'un esclave affranchi sous condition, elle n'exécute pas ainsi son obligation, car elle paie autre chose que ce qu'elle devait ; elle était tenue de fournir un esclave dont la propriété serait passée définitivement au créancier, elle n'a fourni qu'un esclave dont la propriété échappera à ce créancier, si l'évènement futur et incertain auquel est subordonné l'affranchissement vient à se réaliser. Le créancier peut donc, sans attendre l'arrivée de la condition, agir de suite contre son débiteur et réclamer de lui l'exacte exécution de sa promesse ; réciproquement, le débiteur qui n'a livré cet esclave que par suite d'une erreur, peut le réclamer au moyen de la *condictio indebiti*, sauf à livrer ensuite un esclave qui ne soit pas *statuliber*. Cette décision est conforme au principe, que celui qui paie par erreur une chose qu'il ne devait pas, peut la répéter, mais bien entendu il devra payer celle qu'il est en réalité tenu de fournir.

On peut encore répéter, quand on a payé en vertu d'une cause nulle en droit, ou lorsque la cause du paiement qu'on ferait, valable à l'origine, a cessé d'exister.

Une personne achète de bonne foi sa propre chose, un esclave qui lui appartenait déjà et paie son vendeur, elle pourra répéter le prix par la *condictio indebiti*. En droit, il n'y a pas vente dans ce cas ; il n'est pas possible qu'une personne achète une chose qui lui appartient déjà.

Un héritier paie un legs en vertu d'un testament qui est plus tard reconnu faux, il a la *condictio indebiti*. Car la cause génératrice d'une obligation à acquitter n'existe point dans ce cas : *causa solutionis jure non valuit.*

Un héritier paie des legs en vertu d'un testament qui tombe par la découverte d'un nouveau testament ; il peut agir en répétition ; la cause du paiement qu'il a fait, bien que valable à l'origine, a cessé d'exister : *causa solutionis non habuit effectum.* Mais, que décider si des affranchissements ont eu lieu, en vertu d'un testament qui n'était pas valable, ou qui tombe par la suite? Reviendra-t-on sur ces affranchissements? Une distinction est nécessaire. S'agit-il d'esclaves héréditaires, affranchis directement par le testament, le testament n'existant pas ou tombant, l'affranchissement n'existera pas non plus. S'agit-il, au contraire, d'un esclave que le testateur ait chargé son héritier d'affranchir, l'affranchissement sera maintenu. La raison du maintien de l'affranchissement dans ce dernier cas, c'est que la liberté résulte pour l'esclave d'un acte indépendant du testament, et opérant par lui-même manumission ; l'affranchissement existe donc, aussi le *manumissor*, dans la rigueur des principes, devrait pouvoir rentrer, par voie de *condictio incerti*, dans son droit de propriété ; mais en faveur de la liberté, on décidait qu'il en serait autrement. Dans la première hypothèse, il ne peut être question de *condictio*, puisque l'affranchissement n'a pas eu lieu, et que, conséquemment, l'héritier n'a pas cessé d'être propriétaire de l'esclave.

§ 1. — *Il y a une dette civile, mais suspendu par une condition.*

Tant que la condition n'est pas réalisée, il n'y a pas dette, il n'y a qu'une espérance de dette, *spes est tantum debitum iri,* disent les Instituts. Si donc il y a eu paiement avant l'arrivée de la condition, comme, en définitive, on a payé ce qu'il n'est pas certain qu'on devra, on pourra répéter.

Toutefois voici une espèce où, bien que le paiement ait eu lieu *pendente conditione,* il n'y aura pas lieu à répétition. On a voulu nover une obligation pure et simple en une obligation conditionnelle : si la condition se réalise, la première obligation est éteinte, il y a eu novation, le débiteur doit en vertu de la seconde obligation ; la condition a-t-elle, au contraire, fait défaut, il n'y a pas eu novation, le débiteur continue de devoir en vertu de la première ; donc s'il a payé *pendente conditione,* il a payé alors qu'il devait et ne peut pas répéter. Si, au contraire, on avait voulu nover une obligation conditionnelle par une obligation pure et simple, comme ce n'est qu'après que la condition de la première obligation se sera réalisée, qu'on saura si la seconde a pu naître, le débiteur, qui aurait payé avant l'arrivée de cette condition, pourrait répéter, car il n'est pas certain qu'il doive jamais ; il a payé ce qu'il ne devait pas.

Ce qui est vrai de la condition, ne l'est pas du terme ; la condition supend l'existence même de l'obligation, le terme n'en suspend que l'exécution ; la dette n'en existe pas moins. Si donc le débiteur paie avant le terme, il a bien payé ce qu'il devait, il n'aura pas de répétition ; cela peut sembler rigoureux et peu en rapport avec les principes d'équité sur lesquels est fondée notre action, car évidemment, en payant avant le terme, on paie plus qu'on ne doit. Les Romains l'avaient bien compris, puisque, lorsque le créancier demandait avant le terme, ils le déclaraient déchu pour *plus petitio tempore*. Néanmoins la décision que nous avons donnée est certaine.

§ II. — Il y a bien dette, mais le paiement a
déjà eu lieu.

Un débiteur paie, alors que la dette était déjà éteinte par un premier paiement, ce qu'il ignorait. Cette dette a pu être éteinte de différentes manières, et d'abord par confusion ; c'est l'espèce que prévoit la loi *frater a fratre* où il s'agit de savoir si la dette avait été éteinte par confusion. Cette loi, qui est une des sept terribles énigmes qui ont mis longtemps l'esprit des commentateurs à la torture (septem cruces jurisconsultorum) nous a été expliquée par M. Pellat dans son cours de Pandectes pour le doctorat en 1868-69. Primus et Secundus sont sous la puissance de leur père. Primus emprunte 100 à Secundus ; puis le père meurt et Primus paie les 100 à Secundus; peut-il répéter ? Quand un fils de famille emprunte de son frère sous la même puissance, il ne devient pas débiteur de son frère, mais de son père qui acquiert la créance. Donc, dans l'espèce, Primus, emprunteur, doit 100 à son père, non pas que celui-ci eût pu agir contre lui au moyen d'une action, car il n'y a pas d'obligation civile ; mais il y a du moins une obligation naturelle. Quand Primus, après la mort du père, a rendu ces 100 à Secundus, a-t-il payé l'indu ? C'est au père qu'il les devait par suite d'une obligation naturelle; mais, comme le père est mort et que les deux frères viennent à l'hérédité, chacun pour moitié, il se trouve qu'ils ont chacun une moitié de la créance du père, de la créance qu'il avait contre Primus, c'est-à-dire 50. Primus, qui prend comme héritier 50 dans cette créance et qui a payé 100, a donc payé l'indu pour 50; il peut les répéter. *Utique quidem pro ea parte quæ ipse patri heres exstitisset repetiturum.* Quant aux 50 autres, peut-il les répéter ? Cela dépend: oui, si Secundus a trouvé dans le pécule de son frère Primus de quoi payer cette dette de 50, non dans le cas contraire. En effet, le texte suppose que Primus, l'emprunteur, a un pécule qui vaut 100. Ce pécule, c'est un petit patrimoine à la disposition du fils, mais dont la propriété n'en reste pas moins au père, qui ne répond cependant que jusqu'à la concurrence de la valeur du pécule des obligations que le fils a contractées à l'occasion de ce pécule. Primus a emprunté 100, il a diminué d'autant son pécule ; que fût-il arrivé s'il les avait empruntés à un tiers ? A la mort du père, son frère eût été obligé de payer jusqu'à concurrence de la part de ce pécule qui lui serait arrivée comme héritier de son père; or, le texte nous dit que, dans notre espèce, Primus ne répétera ces autres 50 de Secundus que si celui-ci a trouvé dans la part qu'il recueille du pécule de son frère, de quoi se payer. Supposant donc dans un premier cas, le pécule de Primus équivalant à 100, à la mort du père chaque fils en prend moitié, soit 50 ; or, Secundus qui a reçu ces 50 a dû se payer de la part de dette dont était grevé ce pécule, c'est-à-dire 50. Le père lui, eût été tenu de toute la dette, c'est-à-dire de 100, le pécule étant suffisant pour l'acquitter intégralement; or, Secundus, en touchant 50 sur ce même pécule, a touché exactement ce qu'il lui fallait pour éteindre sa créance de 50 contre ce pécule.

Si ce pécule, au lieu de valoir 100, valait seulement 60, Secundus n'a pris que moitié du pécule, c'est-à-dire 30, tandis que, d'autre part, il avait droit à moitié, soit à 50, comme héritier du père ; donc, si Primus a payé 50 à Secundus pour sa part dans la créance, il y a 30 qui sont payés indûment puisque Secundus les a trouvés dans sa part du pécule. Ils pourront être répétés par Primus. Le principe qui domine cette matière est que tous ceux qui profitent du pécule doivent contribuer à la dette faite sur le pécule. Secundus, qui profite du pécule jusqu'à concurrence de 30, doit contribuer à la dette du pécule jusqu'à concurrence aussi de ces 30; donc Primus qui a payé 50 peut répéter 30. L'exemple suivant que nous donne le jurisconsulte est tout à fait probant: Si ce pécule est légué par préciput au fils, qui est lui-même débiteur de la dette de 100, la déduction de cette dette sera faite par le frère sur ce pécule. Ainsi, le père a institué ses fils Primus et Secundus ses héritiers, mais il a légué par préciput à Primus son pécule. Primus aura droit à ce pécule, mais Secundus étant héritier du père pour moitié, est par là même créancier pour moitié de la dette de 100 qui a été contractée par Primus et qui est devenue une charge de son pécule ; il devra donc recevoir 50, puisque, dans ce cas, il ne profite pour aucune partie du pécule et que Primus, qui en profite doit le désintéresser.

§ 3. — *Il y a dette civile, mais elle n'existe que partiellement.*

Quand on a payé plus qu'on ne doit, on a droit à répéter l'excédant. Il est possible qu'on ait payé plus que ce qu'on devait, en négligeant de faire une retenue ou une déduction qu'on aurait eu le droit de faire. Ainsi, par exemple, j'ai vendu un fonds en me réservant une servitude à exercer sur ce fonds : j'ai fait tradition sans excepter cette servitude, je puis la répéter par *condictio indebiti*, laquelle dans cette espèce sera une *condictio incerti*.

Il y a encore paiement excédant la dette et par conséquent faculté de répéter cet excédant, pour celui qui a vendu et livré une hérédité, sans retenir ce que le défunt lui devait. La confusion a, il est vrai, éteint la créance de cet héritier, mais cette confusion a disparu par la vente même qu'il fait de l'hérédité à un tiers, ce tiers est censé avoir succédé seul au *de cujus*. L'équité ne permettait pas que cet héritier, qui ne conserve rien de l'hérédité, fût considéré comme devant abdiquer ses créances contre la succession.

4. Il y avait dette civile, mais à laquelle on pouvait opposer une exception perpétuelle.

Celui qui a payé sans opposer l'exception perpétuelle qui lui compétait, à l'effet de repousser la demande de son créancier, peut répéter ce qu'il a payé.

Un défunt a dispensé par son testament son vendeur de lui livrer la chose vendue, son débiteur d'acquitter le montant de la créance : ils ont payé, ils peuvent répéter.

L'exception *pacti conventi* donnerait un résultat analogue : ainsi un affranchi a obtenu par un pacte la dispense des *operæ*, il les a acquittés : il peut exercer la *condictio indebiti*. Un fidéjusseur s'est fait promettre par le créancier qu'il ne lui demanderait rien, il a payé par imprudence, il peut répéter. Cette solution est applicable à l'héritier du fidéjusseur, hors le cas où cet héritier serait le débiteur principal lui-même.

Mais pour que la répétition puisse avoir lieu, il ne suffit pas qu'il y ait une exception perpétuelle, il faut que cette exception soit conforme à l'équité; autrement il restera une obligation naturelle et le paiement sera valable. Ainsi un débiteur injustement absous, bien qu'il ait eu entre les mains l'exception perpétuelle *rei judicatœ*, s'il a payé volontairement, ne peut répéter; et cette décision devrait être étendue au cas où il a payé antérieurement à la condamnation, mais postérieurement à la *litis contestatio*, le débiteur ne peut répéter, car même après absolution il serait resté obligé naturellement.

L'exception *quatenus facere potest*, appelée par les anciens commentateurs bénéfice de compétence, donne un résultat analogue ; il n'y a pas de répétition. Par exemple, ce qu'on aurait payé à une femme au nom de son mari insolvable ne saurait être répété.

Ce principe que nous venons de développer ne doit pas être entendu d'une manière trop absolue. Lors même que l'obligation naturelle subsisterait, si le contrat est réprouvé par la loi en faveur du débiteur, l'exception perpétuelle que l'on en tire suffit pour autoriser la répétition, bien qu'il reste une obligation naturelle. Ainsi ce qu'une femme a payé pour autrui, après s'être engagée contrairement aux prescriptions du sénatus-consulte Velléien peut être répété. Mais la solution devrait être différente si le contrat était interdit, et l'exception accordée en haine du créancier; ainsi, ce qui a été payé librement par celui qui avait été antérieurement fils-de-famille pour rembourser un emprunt fait contrairement aux prescriptions du

sénatus-consulte Macédonien, n'est pas sujet à répétition.

Quant au serment, la règle est bien simple : il y a
eu entre les parties une sorte de transaction ; ce qui
a été juré doit être maintenu. Si donc le débiteur a
payé après avoir juré qu'il ne devait rien, il a droit
de répéter.

Si l'existence d'une exception perpétuelle peut autoriser la répétition de la chose livrée, il en est différemment de l'existence d'une exception temporaire :
nous avons toujours, en effet, une obligation, et c'est,
à vrai dire, une obligation à terme, car l'exception
temporaire ne suspend que l'exigibilité de la dette, et
par suite l'action en répétition est impossible.

Un motif d'équité a fait décider qu'il y aurait lieu
à répétition dans le cas où il serait douteux si une
exception est perpétuelle ou temporaire : ainsi le débiteur a reçu de son créancier la promesse qu'il ne
lui demanderait rien jusqu'à ce que Titius fût consul ;
comme il est possible que Titius ne soit pas consul,
et que l'exception, qui dans la forme est temporaire,
soit en réalité perpétuelle, il y a lieu à répétition.

§ V. — *Absence de dette ex personis.*

Quand le paiement est fait à un autre qu'au créancier, ou par un autre que le débiteur, il y a lieu de le répéter, puisqu'alors entre celui qui paie et celui qui reçoit le rapport de débiteur et de créancier n'existe pas. Cependant le paiement fait à un autre qu'au créancier serait valable si l'*accipiens* avait qualité pour le recevoir ; cette qualité, il peut la tenir du créancier lui-même, comme mandataire ou *adjectus solutionis gratia,* ou de la loi, comme tuteur ou curateur. Nous voyons aux Instituts que celui qui a payé au tuteur ou au curateur, avec la permission du juge, sera en toute sécurité et n'aura plus à craindre la *restitutio in integrum.*

Celui qui a payé au *prædo* ou possesseur de mauvaise foi est-il libéré ? Une personne qui possédait de mauvaise foi une maison, a loué cette maison et a touché les loyers de ses locataires, ces locataires sont-ils libérés ? Oui ; c'est avec ce *prædo* qu'est intervenu le contrat de louage ; or le louage comme la vente peut avoir pour objet la chose d'autrui, c'est donc envers lui qu'ils sont obligés ; ils lui ont payé ce qu'ils lui devaient. Quant au véritable propriétaire, il réclamera contre le possesseur de mauvaise foi, et répétera la valeur des loyers soit par la pétition d'hérédité, si c'est d'une hérédité que le *prædo* avait usurpé la possession, soit par la *condictio sine causa*.

Le cas sera tout différent, si nous supposons que c'est le propriétaire qui a loué sa maison, mais que c'est le *prædo* qui en a touché les loyers. Dans cette dernière espèce, c'est envers le propriétaire que les locataires sont obligés ; s'ils ont payé au *prædo*, comme ils ont payé à un autre qu'au créancier, ils auront contre lui la *condictio indebiti*.

Voyons maintenant ce qui arrive lorsque le paiement a été effectué par un autre que le débiteur. Pour que ce tiers qui a payé puisse répéter, il faut qu'en payant il ait cru éteindre sa propre dette, qu'il ait payé en son propre nom. Ainsi, il s'est cru à tort héritier ou *bonorum possessor* et a payé en son nom les créanciers héréditaires, il a payé indûment et va pouvoir répéter, tandis que le véritable héritier continue d'être tenu. Mais le faux débiteur ne peut pas répéter s'il a payé au nom du véritable débiteur ; par exemple, si un père a payé plus qu'il ne devait par l'action *de peculio*, il ne peut pas répéter ce qu'il a payé au nom de son fils ou de son esclave.

Troisième condition. — Il faut que le paiement ait été fait par erreur.

Il faut, pour pouvoir reprendre au moyen de la *condictio indebiti* ce qu'on a payé indûment, avoir payé par erreur, c'est-à-dire avoir voulu éteindre une obligation dont on se croyait tenu. Mais si on a payé sachant bien qu'on ne devait pas, on ne peut répéter, car on est alors présumé avoir voulu faire une libéralité.

Dans le cas où il y aurait doute sur la volonté de celui qui a payé, le doute devrait être résolu en faveur du *solvens*, parce que le créancier se trouve faire un gain sur lequel il n'a pas dû compter.

En principe, l'erreur était nécessaire, mais dans certains cas exceptionnels, l'erreur du *solvens* n'était pas nécessaire pour qu'il pût répéter, soit parce qu'il était incapable d'aliéner, soit enfin parce que le paiement qu'il a fait était prohibé. Ainsi, le pupille, l'interdit pour prodigalité, sont incapables d'aliéner ; ont-ils payé sciemment ou non, ils pourront répéter. Quant à eux, il n'y a donc pas à s'occuper de l'erreur, mais quant à ceux auxquels ils ont payé, des distinctions sont nécessaires ; ont-ils ou non consommé la chose livrée ? l'ont-ils consommée de bonne ou de mauvaise foi ? Si les choses existent encore entre les mains de l'*accipiens*, on pourra revendiquer contre lui, car il n'a pas pu recevoir la propriété de personnes incapables de la transférer. Si elles ont été consommées de bonne foi, et que l'*accipiens* fût vraiment créancier de l'incapable, aucune action ne pourra être intentée contre lui, et la dette sera éteinte ; mais s'il n'était pas créancier de l'incapable, celui-ci aurait la *condictio*. Y a-t-il eu consommation de mauvaise foi, il y aura lieu à l'action *ad exhibendum*.

Il en serait de même de l'erreur du *solvens*, si le paiement était prohibé. Ainsi, les donations supérieures à un certain taux (500 solides), ne sont pas valables si elles n'ont pas été insinuées. Quand même le donateur les aurait exécutées sciemment, comme il a fait un paiement pour une cause nulle, il peut toujours revendiquer ce qui excède le taux légal, ou, en cas de consommation, intenter la *condictio*.

L'erreur, condition essentielle pour donner lieu à la *conditio indebiti*, peut-elle être indifféremment soit une erreur de fait, soit une erreur de droit ? Il y a erreur de droit, quand on s'abuse sur les conséquences juridiques d'une situation donnée. Il y a erreur de fait, quand on s'abuse sur cette situation. Et d'abord remarquons que toute erreur n'est pas admissible ; il faut, pour que l'erreur puisse être invoquée avec succès, qu'elle présente un certain caractère, il faut qu'elle ne soit pas trop grossière, qu'elle ne révèle pas une trop grande négligence de la part de celui qui l'invoque. Lorsque l'erreur présente ce caractère, nous croyons qu'elle doit être admise, sans distinguer si c'est une erreur de fait ou une erreur de droit, quand il s'agit d'éviter une perte.

Telle paraît être l'opinion de Papinien: *Juris ignorantia non prodest adquirere volentibus, suum vere petentibus non nocet.*

CHAPITRE DEUXIÈME

CAS DANS LESQUELS LA CONDICTIO INDEBITI N'EST PAS ADMISE.

On ne peut pas répéter ce qu'on a payé par suite d'une condamnation, fut-elle injuste; elle constitue toujours une cause suffisante de paiement. Mais pourquoi ce refus de la *conditio indebiti* ? Cela tient à ce que l'action *judicati* était de celles qui croissaient au double en cas de dénégation. Or, dans tous les cas où l'action croissait au double, en cas de dénégation, celui qui avait payé ne pouvait pas répéter, comme indu, le paiement qu'il avait fait.

Lorsque l'action croissait au double, le débiteur,

s'il avait du doute sur le droit de son adversaire, était dans l'alternative ou de payer 1000 qu'il n'était pas certain de devoir, ou de s'exposer à payer 2000, si les juges trouvaient fondée la prétention du demandeur. Il opte pour un moindre mal, afin d'éviter la chance d'un plus grand. Il résulte de là que le paiement, ayant une cause, on n'a pas à tenir compte des éclaircissements que les circonstances peuvent lui apporter dans la suite, c'est sciemment et volontairement qu'il a payé ce qu'il pouvait ne pas devoir ou même ce qu'il ne devait pas ; il n'est plus fondé à exercer la *conditio indebiti* contre celui auquel il a payé.

Celui qui a payé par suite d'une transaction valable, a également perdu l'action en répétition. Il faut que la transaction existe réellement pour qu'elle constitue une cause au paiement. Si elle était nulle, par exemple pour titres inconnus au moment où elle a été faite et retenus par une des parties, ou parce qu'elle a été faite sur un procès terminé déjà et passé en force de chose jugée ; ou parce qu'elle porte sur des aliments laissés par testament et qu'elle n'a pas été autorisée par le magistrat. Dans tous ces cas, le paiement pourrait être répété comme ayant été fait sans être dû.

Le serment qu'une des parties défère à l'autre constitue une transaction; si donc le créancier a juré qu'il lui était dû et que le débiteur ait payé, ce dernier ne pourra répéter en offrant de prouver que le serment était faux. Car la transaction cause du paiement subsiste toujours.

CHAPITRE III

QUI PEUT INTENTER LA CONDITIO INDEBITI ?

Celui au nom duquel le paiement a été fait peut intenter cette action, car c'est lui qui est censé avoir effectué la tradition des choses livrées. Ainsi le paiement fait indûment par un tuteur est soumis à la répétition de la part de l'impubère, au nom duquel le paiement a été fait.

Ce n'est pas à celui qui a payé matériellement que l'on doit donner la *conditio indebiti*, mais à celui qui a payé au point de vue juridique. Un tuteur, un procureur ne pourront donc pas répéter. Quant au procureur, il y a une exception: le *procurator in rem suam*, véritable cessionnaire d'une créance, peut répéter une somme qu'il aurait en cette qualité indûment payée. Mais cette exception ne doit pas être étendue. Ainsi c'est l'héritier qui aurait l'action en répétition d'un legs indûment payé des deniers héréditaires.

Réciproquement, selon que le paiement a été fait au nom d'une personne ou d'une autre, l'action appartient à la première ou à la seconde. Ainsi, j'ai promis de payer une chose que je ne devais pas et quelqu'un a cautionné cette promesse, la caution a payé; a-t-elle directement répétition? oui, si elle a payé en son nom, nom si elle a payé en mon nom. Dans ce dernier cas, c'est moi qui aurai l'action; mais la caution aura son recours contre moi, comme si le paiement était valable.

Dans certaines circonstances on accorde des actions utiles, soit à ceux qui ont payé pour autrui, soit à des tiers. Si l'on suppose, par exemple, qu'un esclave ait été affranchi par un testament dont la nullité n'a été découverte que postérieurement; cet affranchissement a été fait à condition que l'esclave paierait une certaine somme à titre defidéicommis et cette somme a été payée soit par un tiers au nom de l'esclave, soit par ce dernier lui-même sur son pécule. Quand on viendra à reconnaitre la nullité du testament, l'action en répétition pourra être exercée soit par le tiers qui a payé au nom de l'esclave, soit par le maître de ce dernier qui est propriétaire à la fois du pécule et de l'esclave.

Pour un motif semblable, le tuteur qui a payé au créancier du pupille, et plus tard a négligé d'imputer dans ses comptes de tutelle, peut répéter le surplus.

Un mandataire général, qui aurait payé une somme indue pourrait, si son mandant n'avait pas ratifié, exercer en son propre nom la *condictio indebiti*, et la raison en est simple, c'est qu'il n'a mandat de payer que ce qui est vraiment dû.

Nous avons dit que l'on donnait quelquefois une action utile à un tiers, c'est-à-dire à une personne qui n'est ni celui qui a payé ni celui au nom duquel on a payé. Nous allons en donner des exemples.

Un legs a été acquitté en vertu d'un testament faux ou inofficieux, l'action en répétition appartiendra à celui à qui, en définitive, restera l'hérédité. Donc, si le testament tombe par la naissance d'un posthume, par le retour d'un fils retenu prisonnier chez l'ennemi, par la découverte d'un nouveau testament, ce sera le posthume, le fils qui a reconquis ses droits par l'effet du *postliminium*, l'héritier du second testament, qui aura l'action en répétition.

Lorsqu'un mineur de 25 ans se fait restituer contre l'acceptation d'une hérédité, la décision est la même que la première, et c'est l'héritier définitif qui a l'action en répétition pour ce qui a été payé indûment des deniers de la succession.

Si un héritier, gérant provisoirement la masse, paie intégralement un créancier héréditaire, et qu'ensuite il renonce, les autres créanciers de la succession ont une *condictio indebiti* pour réclamer au premier créancier ce qu'il a reçu au-delà du dividende auquel il a droit.

Dans le cas où deux *correi* ont tous deux payé la dette entière, on peut se demander à qui le créancier payé deux fois devra rendre? Si ces deux *correi* ont payé en même temps, ils ont tous deux répétition pour moitié, ils ont un droit égal; s'ils ont payé à différents moments, c'est celui qui a payé le dernier qui répétera, car il n'était rien dû quand il a payé, la dette était déjà éteinte par le premier paiement. Mais si ces deux *correi* avaient promis, au lieu d'une somme d'argent, deux objets différents sous une alternative, Stichus ou Pamphile, et qu'ils aient tous deux payé en même temps, chacun d'eux ne pourra pas, comme dans l'espèce précédente, répéter moitié de ce qu'il a payé, car le créancier doit avoir en entier une des deux choses. Il appartiendra alors au créancier de choisir celle des deux choses qu'il voudra rendre.

La *condictio indebiti* passait aux héritiers, car elle était *rei persecutoria*.

CHAPITRE QUATRIÈME

CONTRE QUI SE DONNE LA CONDICTIO INDEBITI.

Elle est donnée contre celui auquel la somme indue a été payée, et il n'y a pas à rechercher à qui le paiement a profité.

Néanmoins cette décision doit être entendue en ce sens que l'on est censé avoir reçu, non-seulement ce qui a été payé directement mais encore ce qui a été payé à un intermédiaire, quel qu'il soit. Ainsi vous avez payé au créancier d'un tiers en vertu d'une délégation une chose que vous ne deviez pas, vous pouvez la répéter contre celui qui vous avait chargé de faire le paiement.

Si l'on a payé à votre *adjectus solutionis gratia* un esclave qui n'était pas dû, c'est contre vous que sera dirigée l'action en répétition : car, en réalité, c'est vous qui avez reçu par ses mains.

Cependant si un débiteur a payé au mandataire de son créancier plus qu'il ne devait, il peut répéter directement contre ce mandataire, car ce dernier n'avait mandat de recevoir que dans les limites de la dette, et le surplus, il l'a reçu en son propre nom.

Cette décision ne sera pas nécessairement suivie dans tous les cas ; ainsi lorsque ce sera le créancier lui-même qui aura invité le débiteur à payer une somme plus forte que celle qu'il doit, c'est contre lui-même qu'aura lieu la répétition, car en pareil cas, il aura donné un mandat spécial de payer une chose qui ne lui est pas due.

L'espèce que nous venons d'examiner, n'est qu'un cas particulier de la règle générale que l'on peut formuler ainsi : tant que le prétendu créancier n'a pas ratifié le paiement indû fait à son mandataire, c'est contre ce dernier que sera dirigée l'action en répétition.

Si, au contraire, le créancier a ratifié le paiement indû, fût-il fait à un faux *procurator*, la ratification produisant le même effet que s'il y avait eu mandat, la répétition peut alors être exercée contre le créancier lui même.

CHAPITRE CINQUIÈME

OBJET DE LA CONDICTIO INDEBITI.

Par l'exercice de cette action, on obtient la restitution de ce qui a été payé sans être dû, ou le rétablissement d'une situation perdue. Mais il ne faut pas perdre de vue que cette action peut ne pas faire obtenir au demandeur tout ce qu'il réclame, car elle a son fondement dans l'équité, et l'*accipiens* de bonne foi ne peut être forcé de rendre que jusqu'à concurrence de ce dont il s'est enrichi. Ce principe nous conduit à dire qu'il n'est pas responsable des détériorations ou de la perte survenue par son fait.

Lorsqu'au lieu d'un corps certain, c'est une quantité qui a été payée indûment, l'auteur du paiement répète, non pas l'objet même, mais l'équivalent de ce qu'il a aliéné ; *tantumdem repetitur.*

Celui qui a payé plus qu'il ne devait n'a droit de répéter que le surplus. Mais, si au lieu de la chose due, c'est une autre qui a été donnée, il faut distinguer : ou c'est une chose *in specie*, et alors il n'y a qu'un moyen, le débiteur n'exercera la *condictio indebiti* pour répéter la chose qu'à la condition d'offrir et de payer ce qui faisait l'objet de l'obligation. Ainsi, au lieu de payer 100, j'ai donné un fonds de terre de double valeur, je puis le répéter, à condition d'offrir 100.

Si la chose indûment payée est du nombre de celles qui se consomment habituellement par l'usage, on ne peut répéter qu'une quantité, égale à la différence entre le paiement et la dette.

Si c'est la possession qui a été indûment transférée, l'*accipiens* devra la restituer sans pouvoir opposer qu'il est devenu propriétaire de la chose par l'usucapion ; et, en effet, si pareille prétention pouvait être par lui exprimée, sa position serait en définitive celle d'un homme à qui indûment on aurait transféré la chose en propriété. Or, dans ce cas, ce serait la propriété qu'il aurait à rendre.

Il y a, au point de vue de la question des risques, un grave intérêt à connaître qu'elle est l'objet de la *condictio indebiti*, afin de déterminer qui doit les supporter, car il y aurait une grande différence suivant que l'objet serait un corps certain ou une quantité; si c'est un corps certain qu'on réclame, les risques sont à la charge de celui qui a payé et qui intente l'action

en répétition, car *debitor rei certæ, interitu rei libe-
ratur*. Si, au contraire, il s'agit de quantités, les risques sont à la charge de celui qui a reçu, car *genera
non pereunt*.

Lorsque le débiteur de deux choses sous une alternative paie les deux choses, il a payé plus qu'il ne
devait; une des deux choses doit donc lui être rendue;
mais qui aura le choix ? L'école Proculienne, Celsus,
Marcellus et après eux Ulpien donnent le choix à
l'accipiens, par application du principe que, dans les
dettes alternatives, le choix, quant au paiement, appartient au débiteur; or, c'est lui qui est devenu débiteur *quasi ex contractu* à raison de ce qui lui a été
indûment payé. L'école Sabinienne, Salvius Julianus
et plus tard Papinien donnaient, au contraire, le
choix au débiteur primitif, au *solvens*; son erreur,
pensaient-ils, ne doit pas lui nuire et il est juste de
le remettre dans la situation où il était avant le paiement.

CHAPITRE SIXIÈME

QUELLES PREUVES DOIVENT ÊTRE FOURNIES.

La situation de celui qui intente la *condictio indebiti* est celle de demandeur ; il se présente comme créancier, c'est donc à lui de prouver : 1° Le paiement; 2° L'existence de la dette; 3° Son erreur. — Quant au défendeur, son rôle est tout passif; en principe il n'a aucune preuve à faire ; s'il affirme qu'il y avait dette, il est cru jusqu'à démonstration du contraire, car il a en sa faveur le fait du paiement auquel se rattache la présomption qu'il y avait dette. — *Qui enim solvit non ita resupinus est, ut facile suas pecunias jactet et indebitas effundat.* — Cette règle souffre toutefois quelques exceptions. Si, au lieu de convenir qu'il a reçu, le défendeur nie faussement le paiement, c'est à lui d'établir alors l'existence de la dette; sa mauvaise foi détruit la présomption que le fait du paiement avait établi en sa faveur, l'affirmation du demandeur ayant été reconnue véridique, on croit désormais ce demandeur plutôt que le défendeur.

La *condictio indebiti* est du reste soumise aux règles générales, c'est au domicile du défendeur qu'elle peut s'intenter, ou bien encore à l'endroit où il est possible de le rencontrer pour l'amener en justice.

On peut renoncer à la *condictio indebiti* comme à toute autre action. Si donc la renonciation à cette action a été faite en connaissance de cause, elle sera valable, sinon elle sera de nul effet; aussi cette mention que les parties auraient eu soin d'ajouter au solde de compte, — *ex hoc contractu nullam inter nos controversiam amplius esse,* — n'empêcherait pas celui qui aurait payé ce qu'il ne devait pas de le pouvoir répéter. On ne peut voir dans cette clause une renonciation anticipée à des droits qu'il ignorait.

DROIT FRANÇAIS

—

DU PAIEMENT INDU.

—

Nous n'examinerons pas spécialement l'ancien droit. Pothier s'étant borné à reproduire les décisions du droit romain sur la *condictio indebiti*, nous allons étudier le paiement indû tel qu'il a été organisé par le Code.

CHAPITRE PREMIER

FORMATION DU QUASI-CONTRAT DE L'INDU.

Le paiement a pour but d'éteindre une dette; si la dette n'existe pas, le paiement a été fait sans cause, il y a lieu à la répétition. Mais pour que le quasi-contrat résultant du paiement indû puisse prendre naissance, il faut, non-seulement que la chose payée n'ait pas été due, mais encore que le paiement ait été fait par erreur.

3

Plusieurs hypothèses peuvent se présenter où il y a paiement indû : nous allons les examiner successivement.

§ I. — *Il y a lieu de répéter parce qu'on a payé avant l'accomplissement de la condition.*

C'est payer indûment que de payer une chose avant l'accomplissement de la condition à laquelle la dette est subordonnée; car, ce que l'on doit ou condition n'est pas encore dû, *tantum spes est debitum iri.* Dès lors l'auteur du paiement pourra répéter ce qu'il a payé avant que la condition ne fût accomplie; mais si, avant qu'il agisse en répétition, la condition vient à se réaliser, il n'y a plus lieu à répéter, parce que l'accomplissement des conditions ayant un effet rétroactif, il se trouve avoir payé, en définitive, une chose qu'il devait (art. 1179).

Le débiteur qui a payé avant l'arrivée du terme peut-il également répéter ?

En droit romain, on permettait bien au débiteur qui avait payé *pendente conditione* de répéter, mais on refusait la *condictio* à celui qui avait payé avant le terme. Ce n'est pas que les jurisconsultes romains se refusassent précisément à reconnaître que celui qui paie avant le terme ne paie plus qu'il ne doit; nous voyons le contraire plusieurs fois exprimé: *minus solvit qui tardius solvit*, et le créancier qui réclamait immédiatement ce qui ne lui était dû qu'à terme encourait la plus-pétition *tempore*. Le refus de la *condictio indebiti*, dans le cas d'un paiement fait avant le terme, tenait donc à une autre cause : c'est que la *condictio indebiti* était une action *stricti juris* et, comme le terme, ne différant que l'exigibilité de la dette, ne l'empêchait pas d'exister, il en résultait que le paiement, quoique fait avant le terme, n'était pas en réalité un paiement indû, et dès lors ne devait pas donner lieu à la répétition.

Pothier suivait à cet égard la doctrine rigoureuse du droit romain et ne permettait même pas à celui qui avait payé par erreur avant le terme de répéter la valeur du bénéfice que celui à qui le paiement avait été fait devait tirer de l'anticipation du paiement, et la raison qui le décide est que ce serait exiger un escompte. — « L'escompte, dit Pothier, n'étant pas plus licite que l'intérêt du prêt et ne pouvant être licitement stipulé, il ne peut pas, à plus forte raison, être demandé lorsqu'il n'a pas été promis. » M. Bugnet fait à ce sujet la remarque suivante : « Cette raison que nous donne Pothier n'a aucune va-

leur aujourd'hui, l'intérêt étant permis, et par conséquent l'escompte. Elle n'était pas fort concluante du
temps même de Pothier, car il ne s'agit pas toujours
d'une somme d'argent ou d'une quantité, le paiement
anticipé par erreur a pu avoir pour objet un corps
certain, même un immeuble. »

Sous l'empire du Code, notre art. 1186 semble
suivre la même doctrine quand il dit si expressément:
— « Ce qui a été payé d'avance ne peut être répété. »

Cependant, cette doctrine nous semble violer
trop ouvertement l'équité et l'esprit général de notre
Code, et nous pensons qu'il faut adopter l'autre système. Nous n'avons plus, en effet, d'actions de droit
strict, et les conventions doivent toujours être exécutées de bonne foi (art. 1134, 1135). Héritier de mon
père, je paie à un légataire son legs de 20,000 francs,
puis je découvre un testament postérieur qui, tout
en maintenant le legs, me donne dix ans pour payer ;
j'ai payé immédiatement par suite d'une erreur, d'une
erreur invincible, j'ai payé évidemment plus que je
ne devais en réalité ; ne serait-ce pas violer les plus
simples règles de la justice que de me défendre de
répéter et de permettre ainsi au légataire de s'enrichir
à mes dépens ?

Mais l'article 1186 est là avec toute sa rigueur, et

il paraît d'autant plus puissant que les rédacteurs l'ont emprunté à Pothier. Toutefois, il ressort clairement du discours de l'orateur du gouvernement devant le Corps législatif que les rédacteurs ont voulu parler exclusivement du débiteur qui payait en connaissance du terme et qui, dès lors, peut être présumé y avoir renoncé.

Quand donc les rédacteurs du Code ont emprunté l'art. 1186 à Pothier, ils n'ont pas pris garde que ce jurisconsulte refusait la *condictio indebiti*, lors même que le débiteur avait payé par erreur. Ils ont tout simplement voulu dire que le débiteur en payant d'avance était censé renoncer au bénéfice du terme, mais que, pour appliquer une telle présomption, il fallait que le débiteur ait connu, ou au moins pu connaître, ce terme.

Faut-il n'accorder à celui qui, par erreur, a payé avant le terme que l'*interusurium*, ou bien ne pourra-t-il pas répéter exactement ce qu'il a payé ?

Même quand il s'agit d'une somme d'argent, lui accorder l'*interusurium* n'est pas le rendre suffisamment indemne. Ne peut-il pas tirer légitimement du capital un bénéfice supérieur à l'intérêt légal ? Son intérêt à reprendre l'immeuble resté entre les mains de l'*accipiens* ne devient-il pas plus évident encore ?

§ II. — *On a payé une seconde fois.*

La dette que le débiteur venait acquitter se trouvait déjà éteinte ; il a par conséquent payé ce qu'il ne devait pas, et il pourra répéter.

Tenu solidairement avec Paul et ignorant que Paul a déjà acquitté la dette, son codébiteur paie de nouveau, il aura la répétition.

Il en serait autrement si les deux paiements étaient de même date. Dans ce cas, les deux paiements réunis font le double de ce qui était dû ; chacun des codébiteurs a donc payé plus qu'il ne devait, et a droit à la répétition pour moitié. Pothier pense qu'on pourrait accorder à la caution le droit de réclamer directement ce qui a été payé de trop ; par la restitution que lui en ferait le créancier, il se déchargerait envers le débiteur principal, et ce serait un moyen d'éviter le circuit d'actions.

La compensation ayant lieu de plein droit, et même à l'insu des débiteurs (art. 1240), celui qui, ayant pu se prévaloir de la compensation, paie par erreur, fait un paiement indû, et dès lors peut répéter.

L'art. 1299 semblerait indiquer cependant que, dans ce cas, la créance n'était pas éteinte, et que ses garanties seules avaient disparu. Ce n'est pas de la sorte qu'il faut l'entendre ; les rédacteurs ont voulu reproduire Pothier, qui dit positivement que le paiement n'a pu ressusciter les créances respectives éteintes par la compensation, et qu'il ne peut conséquemment donner au *solvens* qu'une simple action en répétition de la somme payée indûment, action dépourvue des garanties attachées à l'action primitive. Cela ressort clairement de l'exposé des motifs de M. Bigot-Préameneu: — « La compensation s'opérant de plein droit et éteignant l'obligation, les priviléges ou hypothèques qui en étaient l'accessoire sont aussi anéantis. Ce serait donc en vain que le créancier voudrait faire revivre l'obligation, en alléguant qu'il n'a point opposé la compensation. »

La loi, dans un cas, apporte un tempérament à cette décision. Si le débiteur qui a payé sans opposer la compensation avait une juste cause d'ignorer la créance qui compensait sa dette (nous pouvons, par exemple, supposer que cette créance résultait d'un legs découvert postérieurement au paiement), il conserverait les garanties attachées à son action primitive (art 1299 *in fine*).

§ III. — *Le débiteur a payé plus qu'il ne devait.*

On paie encore indûment quand on paie plus qu'on

ne doit et il y a lieu, en conséquence, à la répétition de l'excédant par la *condictio indebiti*.

Sans parler du cas bien simple où, débiteur de 10, on a payé 20, c'est payer plus qu'on ne doit que de ne pas opérer une rétention qu'on avait le droit de faire. — Exemple. Un héritier vend à un tiers ses droits successifs, et lui livre toute l'hérédité, sans retenir ce que le défunt lui devait. — Quand l'un des époux, après la dissolution et le partage de la communauté, paie une dette de la communauté au delà de sa part, il paie plus qu'il ne doit, et pourtant il ne peut répéter l'excédant (art. 1488), parce qu'il est présumé avoir agi sciemment, dans le but de libérer en même temps son conjoint : il n'aura que son recours vis-à-vis de celui-ci (1490). Cependant, ce n'est là qu'une présomption, présomption qui devrait évidemment tomber si l'époux, en payant, avait exprimé dans la quittance que la somme versée était pour ce qu'il doit.

Dans le cas d'une dette alternative au choix du débiteur, et où celui-ci, par erreur, a payé les deux choses dues, il est certain qu'il peut réclamer la restitution d'une des deux choses, mais le créancier qui les a reçues toutes deux a-t-il le choix de rendre celle qu'il veut, ou bien le débiteur, qui avait le droit de payer celle qu'il voulait, conserve-t-il le droit de choisir celle qu'il lui convient de répéter? En droit romain, il y avait controverse sur le point de savoir à qui, dans l'espèce, appartiendrait le choix; Justinien repoussa l'avis d'Ulpien, de Marcellus et de Celse, pour adopter celui de Salvius Julianus et de Papinien, qui accordaient le choix à l'auteur du paiement.

Pothier trouve fort équitable de donner le choix à celui-ci, il a raison. On doit, en effet, dans cette matière toute d'équité, restituer aux parties la situation qu'elles avaient auparavant, car même si c'est par erreur que le créancier a reçu les deux choses, on ne peut trouver injuste une décision dont le résultat est de ne lui donner que les droits qu'il avait à l'origine. Il est bien entendu que si l'une des deux choses payées par le débiteur vient à périr fortuitement entre les mains du créancier, le débiteur ne pourra pas répéter celle qui reste, pas plus qu'il n'aurait pu se dispenser de la payer, en admettant que ce fût avant la livraison que l'autre eût péri.

Il nous faut supposer, dans l'espèce précédente, que les deux choses avaient été payées en même temps; car, alors seulement, il est impossible de dire laquelle des deux a éteint la dette. Tandis que si elles avaient été payées l'une après l'autre à un intervalle

quelconque, celle qui a été payée la première aurait
éteint l'obligation et libéré le débiteur, qui ne pourrait alors jamais que répéter la seconde. Et cela, quand
même la première serait venue à périr. Si c'est la
seconde qui avait péri, il ne pourrait rien répéter (il
faut toutefois raisonner dans l'hypothèse qu'il n'y a
pas eu faute du créancier, ou que la perte n'est pas
survenue depuis sa mise en demeure).

L'article 1288 présente un cas où le créancier reçoit
plus qu'il ne lui est dû. Moyennant une certaine somme
que lui remet une caution, il consent à libérer celle-ci
puis il est ensuite payé intégralement par le débiteur.
L'article décide que la somme versée par la caution
s'imputera sur la dette, et libèrera d'autant tous les
obligés, ce qui va forcer le créancier à restituer ce
qu'il a reçu de trop, c'est-à-dire la somme payée par
la caution pour obtenir la remise du cautionnement.
Cette décision doit être critiquée ; la somme donnée
par la caution ne représente en définitive, que les
risques auxquels le créancier va se trouver soumis ; ce
n'est donc autre chose qu'un contrat aléatoire ; ce
contrat, absolument étranger au débiteur et aux
autres obligés, devrait être maintenu, tandis que l'art.
1288 l'anéantit. Il considère à tort que le créancier
qui, payé intégralement par le débiteur, garderait ce

qu'il a reçu de la caution, retiendrait ainsi plus qu'il
ne lui était dû. Mais, quoi qu'il en soit, cet article
existe, et nous sommes forcés d'admettre la répétition au profit du débiteur.

§ IV. — *Le débiteur a payé à un autre qu'au créancier.*

Pour que le débiteur soit libéré, il faut qu'il paie
à son créancier; si donc il a payé à un autre, il a le
droit de répéter la chose payée.

Néanmoins, s'il est vrai qu'en principe c'est entre
les mains mêmes du créancier que le débiteur doit
effectuer son paiement, ce principe n'est pas si rigoureux qu'il ne souffre bien des exceptions; en de-
hors du créancier, il est des personnes qui ont qualité
pour recevoir, ainsi le débiteur paierait valablement
entre les mains d'un mandataire du créancier, tant
que ce mandataire n'aurait pas été révoqué, ou que
la cessation de son mandat ne lui serait pas connue.
De même encore, le débiteur se trouverait libéré et
n'aurait plus de motifs pour répéter, s'il avait payé à
un gérant d'affaires, supposé que le maître ait ratifié
le paiement ou en ait profité.

Enfin, le paiement fait de bonne foi entre les mains
du possesseur de la créance libère le débiteur. Par

possesseur de la créance, il faut entendre celui qui jouissait paisiblement, et sans conteste, de la position de créancier; le débiteur peut alors avoir cru légitimement que la créance lui appartenait réellement. Diverses circonstances en effet peuvent se présenter, où on ne peut faire aucun reproche au débiteur d'avoir payé, au créancier apparent. A-t-il, par exemple, payé à un héritier qui se trouve évincé postérieurement par un héritier plus proche, ou par un légataire universel qu'un testament découvert depuis a investi de la succession, nul doute que dans ce cas il ne soit libéré. Mais il ne lui aurait pas suffi, pour être libéré, d'avoir effectué son paiement entre les mains du détenteur de l'écrit constatant la créance; il serait en faute d'avoir payé au porteur muni de faux pouvoirs ou d'une fausse cession.

Une exception existe à cet égard en matière de lettre de change et de billet à ordre.

Les créances se divisent de plein droit entre les héritiers. Or, si le débiteur a payé toute la dette à un seul des héritiers, au lieu de ne lui en payer que sa part, il a, pour ce qui dépasse cette part, payé à un autre qu'à celui auquel il est dû, il va pouvoir répéter.

Cependant, il se pourrait faire que cet héritier

n'eût pas à rendre ce qu'il a reçu au delà de sa part,
ce serait dans le cas où l'acte même du partage lui
concèderait le droit de toucher le montant intégral de
la créance, ou bien encore si ses cohéritiers lui avaient
donné mandat à cet effet.

§ V. — *La chose était due par un autre que celui qui l'a*
payée.

Si un tiers vient par erreur, croyant acquitter sa
dette, payer celle d'autrui, il paie indûment et peut
répéter. C'est ce que nous dit l'article 1377: « Lorsqu'une personne qui, par erreur, se croyait débitrice,
a acquitté une dette, elle a le droit de répétition
contre le créancier... »

Il a cependant payé au créancier; celui-ci n'a donc
reçu que ce qui lui était légitimement dû; mais il
n'en était pas moins équitable de venir au secours de
ce tiers, car il n'a payé que pour se libérer d'une
obligation à laquelle il se croyait soumis. Le droit
de répéter qu'on lui accorde se comprend d'autant
mieux, qu'en forçant le créancier à rendre ce qu'il a
reçu, on ne fait que le laisser, vis-à-vis du véritable
débiteur, exactement dans la même position que si
ce tiers n'était pas venu le payer par erreur.

Nous avons dit que ce tiers, qui est venu payer le

créancier, avait payé par erreur, croyant acquitter ainsi sa propre dette; s'il avait payé ce créancier au nom et en l'acquit du véritable débiteur, il ne pourrait certainement pas répéter. La dette est alors éteinte; le créancier est bien et dûment payé, et ce tiers n'a plus que la ressource de l'action *negotiorum gestorum* contre le débiteur. Ce n'est donc pas ce dernier cas que prévoit notre article 1377, il n'accorde la répétition à celui qui a payé la dette d'autrui que s'il a payé par erreur et en son propre nom; et encore pour ce cas-là même, l'article contient-il une importante restriction dans son second paragraphe. Article 1377 2°: « Néanmoins, ce droit cesse dans le cas où le créancier a supprimé son titre par suite du paiement, sauf le recours de celui qui a payé contre le véritable débiteur. »

Les rédacteurs du Code ont emprunté cette restriction à Domat. Voici comment s'exprime Domat : « Si un créancier reçoit paiement des mains de celui qui, pensant être son débiteur, ne l'était pas en effet et ne payait que croyant s'acquitter, ce paiement n'acquitte pas le vrai débiteur, et oblige celui qui le reçoit à rendre ce qui ne lui est payé que par cette erreur... Mais, si ce créancier avait anéanti le titre de sa créance, comme si c'était une obligation qu'on eût déchirée, de sorte que sa dette fût perdue ou en péril, le paiement, en ce cas, subsisterait et celui qui l'aurait fait devrait se l'imputer. Et il aurait son action contre le débiteur, pour recevoir ce qu'il aurait payé en son acquit. »

Par suite de l'erreur de ce tiers, la situation du créancier vis-à-vis du débiteur véritable est complétement changée; il est juste qu'il ne subisse pas les conséquences fâcheuses produites par la faute de ce tiers. Il n'a, quant à lui, aucun reproche à se faire, car, nous devons nous hâter de le dire, ce ne sera qu'autant qu'il aurait reçu de bonne foi que cette protection de notre article lui serait acquise. Cette nécessité de la bonne foi du créancier nous est établie clairement par un passage du rapport de M. Bertrand de Greuille au Tribunat. « Si le créancier, étant dans la bonne foi, avait par suite du paiement, supprimé le titre de sa créance, alors, il ne pourrait, sans injustice, être rendu victime d'une pareille faute; c'est à celui qui l'a mal à propos payé à s'imputer l'anéantissement du titre: lui seul est responsable dessuites. Le créancier, dans cette hypothèse, conservera donc ce qu'il a reçu, il ne restera à l'homme imprudent qui l'a satisfait que l'action en recours contre le débiteur principal. » Cela dit, nous généraliserons l'ar-

ticle, qui ne parle que de la suppression du titre, et
nous dirons que la décision devra s'appliquer toutes
les fois que, par suite de l'erreur du tiers, le créancier
se trouverait dans le cas d'avoir perdu quelque droit
vis-à-vis de son débiteur, soit parce que celui-ci est
devenu insolvable, soit parce que, faute d'inscription,
l'hypothèque, qui garantissait la créance, a perdu son
rang, soit enfin parce que toute autre sûreté particu-
lière s'est évanouie. Si donc les choses ne sont plus
entières et dans leur état primitif, celui qui a payé ne
pourra pas répéter, et il n'aura d'autre ressource que
l'action *negotiorum gestorum*, au moyen de laquelle
il pourra se faire rembourser par le débiteur dont il
a acquitté la dette, et qui, en définitive, ne doit pas
s'enrichir à ses dépens.

Mais ne sera-t-il pas au moins, comme certains
jurisconsultes l'ont prétendu, subrogé aux droits et
garanties du créancier qu'il a désintéressés? Nous ne
le pensons point. Pour le soutenir, on tire un argument d'analogie de l'art. 1299, C. N., et on invoque
l'équité: refuser la subrogation, dit-on, ce serait enrichir les autres créanciers du débiteur aux dépens
de l'auteur du paiement, et par l'effet de son erreur.
Comment admettre ce résultat inique, quand on voit
l'article 1299 faire revivre des garanties qui devaient

être éteintes *ipso jure*, pour ne pas léser un créancier victime d'une erreur?

A quoi nous pensons qu'on doit répondre que, peut-être, il est regrettable que le législateur n'ait point, dans ces circonstances, accordé la subrogation à celui qui payait par erreur pour autrui, mais qu'à coup sûr, s'il y avait un oubli du législateur, il ne nous serait pas permis de le réparer, car on est ici dans une matière exceptionnelle, rigoureusement circonscrite et déterminée, et qui n'admet pas les raisonnements d'analogie. Le *solvens* est-il dans le cas du 3° de l'article 1251? Non, il n'était pas tenu avec d'autres ou pour d'autres. Rentre-t-il dans les termes de l'art. 1299? Pas davantage; cet article admet une restriction au principe que la dette s'éteint par compensation : ici, c'est un paiement qui a éteint la dette.

Quant à l'argument d'équité, il n'est ni bien sérieux, ni bien concluant. On dit que les autres créanciers du débiteur profiteront quelquefois de l'erreur de celui qui a payé; cela est vrai, mais ils ne sont, du moins, à la différence du *solvens*, coupables d'aucune légèreté, et, en outre, ils ne reçoivent que ce qui leur est dû. Il n'y a pas à leur en faire un grand reproche. Certes, sans ce tiers, qui est venu payer pour le débiteur vé-

4

ritable, ils étaient exposés à être moins vite ou moins sûrement payés; mais, est-il donc rare de voir, sous l'empire du Code, une personne profiter indirectement du fait ou de la négligence d'une autre ? Un créancier chirographaire ne profite-t-il pas de ce que son cocréancier qui, lui, a une hypothèque sur les biens du débiteur, l'a laissé éteindre faute d'inscription? Prétend-on, au nom de l'équité, qu'il y a là pour le créancier chirographaire un enrichissement injuste, et va-t-on jusqu'à permettre au créancier hypothécaire imprudent de répéter l'hypothèque qu'il a laissée sortir de ses mains ?

La division de plein droit des dettes entre les héritiers du débiteur peut aussi fournir un exemple de paiement fait par erreur pour autrui. Si l'un des héritiers paie toutes les dettes de la succession dont il se croyait faussement tenu, il pourra répéter ce qu'il aura versé au delà de sa part. Domat cite également le cas où un héritier putatif a acquitté de ses propres deniers les dettes de la succession. « Ainsi, par exemple, si un héritier présomptif, sachant la mort de son parent à qui il devait succéder, et ignorant un testament qui le prive de toute la succession, en acquitte une dette avant que de s'y être immiscé, croyant s'acquitter soi-même comme héritier et y employant de son argent propre, le créancier qui aura reçu cet argent sera tenu de le rendre, et conservera son droit sur la succession. »

Par la délégation légalement opérée, le délégué est devenu le débiteur exclusif et personnel du créancier délégataire; en conséquence, il ne peut plus lui opposer les exceptions qu'il aurait pu avoir à élever contre le déléguant. L'hypothèse dans laquelle nous venons de raisonner est celle où chacune des parties a bien la situation qu'elle croit avoir. Mais il pourrait arriver que le délégué ne fût pas débiteur du déléguant et qu'il ne consentît à la délégation que parce qu'il se croit réellement obligé; dans ce cas, peut-on soutenir que l'obligation qu'il contracte envers le délégataire étant nulle faute de cause, il pourra répéter ce qu'il a payé à ce délégataire? — Nous ne le pensons pas; il a bien payé, il n'a de recours que vis-à-vis du déléguant; bien entendu, il faut supposer qu'il n'a pas agi *donandi causa*, puisque c'est par erreur, se croyant débiteur du déléguant, qu'il a consenti à se laisser déléguer; mais cette croyance erronée ne constitue pas la cause de son obligation, ce n'est que le motif qui l'a guidé.

Une grave question se présente encore, c'est celle de savoir quel recours on doit accorder, en cas d'éviction, à l'adjudicataire d'un immeuble vendu par expropriation forcée. Les auteurs sont fort divisés sur cette question : les uns lui accordent action en garantie contre le saisi et action en répétition du prix contre les créanciers saisissants, les autres ne lui accordent que l'action en répétition et lui refusent l'action en garantie. Quelques-uns, enfin, lui donnent l'action en garantie, aussi bien contre le saisi que contre les saisissants.

Quant à ce dernier système, nous le repoussons absolument. Nous ne nous faisons pas à l'idée que le saisi puisse être considéré comme vendeur, alors que les créanciers saisissants seraient vendeurs aussi. Certes, la position de l'adjudicataire évincé est digne d'intérêt; qu'on lui vienne en aide, c'est chose juste à coup sûr, on sert d'ailleurs ainsi et les créanciers et le saisi, car les biens vendus par expropriation ne trouveraient pas facilement d'acquéreurs, si l'adjudicataire n'avait aucun recours en cas d'éviction. Mais est-ce une raison pour accorder à celui-ci la double garantie signalée dans le système qui précède ?

En droit romain, lorsque le créancier avait fait vendre les biens qui lui étaient engagés, il n'était pas soumis à l'action de l'acheteur évincé, à moins qu'il n'eût été de mauvaise foi, c'est-à-dire qu'il n'eût su, en vendant, que la chose n'appartenait pas à son débiteur. L'acquéreur n'avait pas non plus d'action en garantie contre le débiteur; il ne pouvait réclamer de lui que la restitution du prix par l'action *utilis ex empto*. Il est bien vrai que le prix avait été payé aux créanciers, mais l'acquéreur qui le devait en réalité à celui dont il était censé recevoir la chose avait, en le payant au créancier, payé en quelque sorte *nomine debitoris*; il était bien juste qu'il pût le réclamer au débiteur en cas d'éviction; c'était, en définitive, ce débiteur qui en avait profité, en se libérant d'autant envers le créancier.

L'ancienne jurisprudence trouva ces règles du droit romain trop dures. C'était, en effet, un bien mince recours accordé à l'acheteur que de lui permettre de reprendre son prix d'un débiteur le plus souvent insolvable; aussi tout en continuant de refuser l'action en garantie, elle permit cependant à l'acquéreur de répéter des créanciers le prix qu'il leur avait payé.

Suivant un certain nombre d'auteurs, ce système devrait encore être suivi sous le Code Napoléon.

Pour nous, nous pensons qu'il faut aller plus loin et dire que l'adjudicataire évincé aura l'action en garantie contre le saisi et l'action en répétition du prix contre les saisissants. Quant à l'action en répétion du prix contre les créanciers, elle nous paraît peu contestable. La cause de l'adjudicataire n'est-elle pas plus favorable que celle des créanciers qui ont du moins à se reprocher d'avoir suivi la foi de leur débiteur ? Tant pis pour eux s'il cesse d'être solvable. Mais on ne peut imputer aucune légèreté à l'adjudicataire; il a payé sans cause et par erreur ce qu'il ne devait pas; il doit pouvoir répéter. Contre le saisi, l'adjudicataire aura l'action en garantie ; c'est le saisi qui est vendeur, sinon volontaire, du moins forcé; les créanciers peuvent être considérés comme des mandataires pratiquant une vente pour le compte du mandant. L'adjudication est une vente, les ventes qui se font par autorité de justice sont régies en principe par les règles des ventes ordinaires, à moins que la loi n'ait dit formellement le contraire. La loi ne faisant aucune exception pour la garantie due à la suite d'une vente faite par autorité de justice, il faut appliquer le droit commun et donner à l'adjudicataire évincé l'action en garantie contre le saisi.

§ VI. — *Le paiement ne doit avoir aucune cause réelle.*

Il peut se faire qu'il n'y ait pas dette civile et que cependant il n'y ait pas lieu à répétition, s'il subsiste une dette naturelle.

Art. 1235 : « Tout paiement suppose une dette : ce qui a été payé sans être dû est sujet à répétition. »

Mais pour qu'il y ait lieu à répétition, il faut non-seulement qu'il n'y ait pas dette civile, il faut encore qu'il n'y ait pas même dette naturelle. En effet, la fin de l'article est ainsi conçue : « La répétition n'est pas admise à l'égard des obligations naturelles qui ont été volontairement acquittées. »

Seulement, pour qu'il n'y ait pas répétition, suffit-il qu'il ait existé une dette naturelle ? Faut-il distinguer si l'auteur du paiement se croyait tenu civilement, ou s'il a payé dans l'intention d'acquitter une dette naturelle, sachant fort bien qu'on ne pouvait l'y contraindre ? La réponse à cette question dépend du sens qu'on veut donner au mot *volontairement* de l'article 1235.

Certaines personnes entendent ces mots: *volontairement acquittée* en ce sens que le *solvens* a payé librement, sans être violenté ni contraint ; il n'y a donc pas lieu, suivant elles, à répétition, si celui qui a reçu n'a commis ni dol, ni violence. On remarque que traduire le mot volontairement par sciemment et en connaissance de cause, c'est enlever toute portée au dernier alinéa de l'article et rendre illusoire la consécration qu'on paraît vouloir donner aux obligations naturelles. En effet, dit-on, à quoi sert-il de réserver le cas d'obligation naturelle, si on exige que le *solvens* ait su ne pas devoir civilement, puisque en l'absence même toute obligation, il ne pourrait dans cette hypothèse prétendre à la répétition ? *Cujus per errorem dati repetitio est, ejus consulto dati donatio est.*

Quant à nous qui repoussons cette première opinion, nous espérons démontrer qu'il n'y a aucune raison d'abandonner le sens naturel et grammatical du mot volontairement. A notre avis, payer volontairement une dette naturelle, c'est la payer en connaissance de cause, sachant bien qu'elle est naturelle et ne peut être exigée. On peut parfaitement soutenir qu'on n'a pas eu la volonté d'acquitter une obligation naturelle quand on a cru acquitter une obligation civile. Dans le système contraire, on tire un argument du droit romain ; cette règle, qui décidait que le *solvens* ne pouvait pas répéter ce qu'il avait payé, même par erreur, quand il y avait obligation naturelle, se comprenait fort bien appliquée à des obligations dont les effets étaient indépendants de la volonté du débiteur. Mais chez nous, où les obligations naturelles ne produisent effet que du consentement du débiteur, faut-il s'étonner qu'il en soit différemment

Cette doctrine était d'ailleurs celle de Domat et de Pothier, et l'examen des travaux préparatoires nous montre que les rédacteurs du Code ne s'en sont point écartés. M. Bigot-Préameneu dit que « le débiteur qui se porte de lui-même et sans surprise à remplir son engagement (non reconnu par le droit civil) ne peut pas ensuite dire qu'il fait un paiement sans cause. Ce paiement est une renonciation de fait aux exceptions sans lesquelles l'action eût été admise, renonciation que la bonne foi seule et le cri de la conscience sont présumés avoir provoquée. »

Mais qu'importe que le *solvens* ait voulu acquitter une obligation naturelle, ou qu'il ait payé ce qu'il savait ne pas devoir du tout ? Le résultat n'est-il pas le même dans les deux cas ? Celui qui a payé en connaissance de cause une dette naturelle a fait un paiement à titre onéreux ; tandis que celui qui paie ce qu'il sait ne pas devoir peut quelquefois vouloir déguiser une donation sous l'apparence d'un acte à titre onéreux. Cet acte sera soumis aux règles qui régissent les donations, réduction, révocation pour ingratitude, pour survenance d'enfant : de plus, il sera rapportable et exigera la capacité de donner et la capacité de recevoir à titre gratuit.

L'article 1235 n'ayant pas défini les obligations

naturelles, le silence du législateur a donné lieu à de nombreuses controverses. Pour nous, ce sont des obligations que le législateur eût volontiers sanctionnées d'une façon positive, s'il n'avait reculé devant les difficultés presque insurmontables de certaines constatations. Ces obligations naturelles n'existent que quand la loi prononce une invalidité en vertu d'une présomption contre laquelle elle admet, comme preuve contraire, l'aveu du débiteur. Telle est la présomption d'invalidité pour cause d'incapacité du débiteur, ou encore la présomption d'extinction ou d'inexistence de la dette résultant de la chose jugée.

§ VII. — *Le paiement doit avoir été fait par erreur.*

L'article 1377 n'accorde la répétition que sous deux conditions : la première, que la chose n'ait pas été due; la seconde, que le paiement ait eu lieu par erreur. Mais l'erreur est-elle nécessaire aussi bien dans le cas de l'art. 1376 que dans le cas de l'article 1377? On l'a soutenu en raisonnant de la sorte : — Si la chose n'était pas due, et que néanmoins celui qui savait n'être pas débiteur ait payé sciemment, il n'a point le droit de la répéter. La loi présume qu'il a eu l'intention de faire une libéralité : *cujus per errorem dati repetitio est, ejusdem consulto dati donatio est.* Ce principe admis par le droit romain n'a rien que de très-raisonnable. Celui qui paie sciemment ce qu'il ne doit pas ne fait pas un paiement sans cause ; la cause est dans la volonté de faire une libéralité. La loi ne peut pas supposer chez le *solvens* l'intention de faire une mauvaise plaisanterie ou un prêt exigible à volonté. Le *solvens* prétend-il que l'*accipiens* ne doit pas s'enrichir à ses dépens, mais il n'éprouve aucun détriment ; *damnum quod quis sua culpa sentit sentire non intelligitur.* Cependant dans ce système on fait des distinctions suivant la nature de l'objet livré à titre de paiement. On refuse la répétition quand il s'agit de meubles qui peuvent être l'objet d'une donation manuelle ; mais on admet qu'elle est possible à propos des immeubles, c'est-à-dire de biens qui ne peuvent être donnés qu'en accomplissant les formalités des donations ; distinction qui ne doit même pas être faite si on admet que les donations déguisées sont valables, car alors la donation de l'immeuble serait déguisée sous l'apparence d'un paiement, et le paiement n'est pas assujetti à des formes particulières.

Suivant nous, les articles 1376 et 1377 prévoient des cas tout à fait différents.

Dans le cas de l'article 1376 celui qui reçoit n'est aucunement créancier, tandis que, dans le cas de l'article 1377, celui qui a reçu était véritablement créancier, seulement celui qui a payé n'était pas débiteur. Aussi, dans ce dernier article, la loi prend-elle soin de dire que celui qui a payé le créancier ne pourra répéter que s'il a payé par erreur.

Mais lorsque celui qui reçoit n'est aucunement créancier, l'article 1376 n'exige pas l'erreur de celui qui a payé, ce dernier peut toujours répéter la chose payée indûment. De quel droit l'*accipiens* prétendrait-il la conserver ? serait-ce parce que le *solvens* est censé lui en avoir fait donation ? Non, car outre que les donations ne se présument pas, cette présomption, admise il est vrai par le droit romain, doit être repoussée comme inique. Comment prétendre à une donation puisque c'est un paiement que moi *solvens* j'ai voulu faire ; comment pourriez-vous conserver comme donné une chose que vous avez reçue comme payée ? Il y a eu un concours de volontés pour faire un paiement ; lorsque je viens ensuite vous réclamer la chose établissant clairement qu'il ne vous était rien dû et que, par conséquent, le paiement que je vous ai fait n'avait pas de cause, de quel droit iriez-vous, substituant une nouvelle cause à la dation, la conserver à titre de donation?

Adopter le système contraire, ce serait consacrer une injustice qu'on ne trouve pas dans le Code. Il est bien entendu que la répétition ne s'exercera que jusqu'à concurrence du profit que l'*accipiens* aura retiré du paiement.

Dans le cas où l'erreur de celui qui a payé est requise, suffit-il d'une erreur de droit, ou l'erreur de fait est-elle seule à considérer?

Cette question qui est controversée en droit romain ne peut guère l'être sous l'empire du Code. Le soin que le législateur a pris de distinguer formellement l'erreur de fait et l'erreur de droit dans deux circonstances (art 1356 et 2052) prouve qu'il n'en est pas de même en règle générale. La preuve que les articles 1356 et 2052 consacrent des exceptions se tire des motifs mêmes qui les ont fait introduire. L'erreur de droit, ne détruisant pas la vérité du fait avoué, ne devait par conséquent pas permettre de révoquer l'aveu judiciaire. Bien que celui qui avoue ignore quelles seront les conséquences de son aveu, la vérité du fait n'en est pas moins acquise. Pour la seconde hypothèse l'exception que fait la loi est également fort raisonnable. La transaction a pour but de mettre fin à des contestations et à des difficultés ; il était bon de ne pas permettre à l'une des parties de venir entreprendre un nouveau procès, puisque la transaction avait eu justement pour but de couper court à toutes les difficultés. De là il résulte évidemment qu'on peut répéter ce qu'on a payé par erreur de droit.

CHAPITRE DEUXIÈME

A QUI ET CONTRE QUI EST DONNÉE L'ACTION EN RÉPÉTITION.

En général, c'est à celui qui a payé ou au nom de qui le paiement a été fait par erreur qu'appartient la répétition. Ainsi le mineur devenu majeur, le mandant, répèteront ce que le tuteur ou le mandataire avaient payé indûment.

L'héritier apparent de bonne foi, qui a payé des sommes qui n'étaient pas dues par la succession, n'aurait pas la faculté de forcer l'héritier véritable à lui en tenir compte, en lui faisant de son côté abandon du droit de poursuivre la répétition de ces sommes : il doit restituer l'hérédité tout entière ; c'est à lui qu'il appartient d'agir en recouvrement de ce qu'il a indûment payé. Le propriétaire n'a en effet à tenir compte au possesseur de bonne foi que des dépenses nécessaires ou même utiles qu'il a faites: obligation qui ne peut comprendre le paiement indû.

C'est le mari qui répètera les objets mobiliers que sa femme a payés indûment sans son autorisation; il est mandataire à l'effet d'exercer les actions mobilières et quelquefois même immobilières qui compètent à sa femme. Du reste, celle-ci ne peut ester seule en justice; s'il s'agit d'une chose mobilière, le mari in tentera seul l'action en répétition (1428), et, dans tous les cas, il pourra former la demande en nullité du paiement indû fait par sa femme (225).

L'envoyé en possession définitive sur les biens d'un absent n'aurait pas la répétition du paiement indû qu'il a pu faire ; il n'est tenu de rendre à l'absent de retour que les biens existants; il n'a donc pas à lui tenir compte de ce qu'il a payé. L'absent trouvant à son retour l'action en répétition dans ses biens aurait la faculté de l'exercer. Il en serait autrement de l'envoyé en possession provisoire ; forcé de restituer les biens à l'absent, il ne pourrait déduire ce qu'il a payé indûment ; lui seul aurait la répétition.

§ I. — *Contre qui s'exerce la répétition.*

La répétition s'exerce contre celui qui a reçu le paiement indû soit directement, soit par l'intermédiaire d'un tiers. Contre le pupille, bien que ce soit le tuteur qui ait reçu; contre le mandant, bien que le paiement ait été fait aux mains du mandataire. Le tuteur et le mandataire ont, en effet, pouvoir d'acquérir au pupille ou au mandant et doivent leur tenir compte de tout ce qu'ils ont reçu pour eux dûment ou indûment (art. 1793). Mais faut il, accordant toujours la répétition contre le mandant, repousser les distinctions que le droit romain avait faites et ne jamais décider que si un mandataire général avait reçu une somme beaucoup plus considérable que celle qui était due au mandant, celui-ci ne serait soumis à la restitution qu'autant qu'il aurait ratifié ce paiement ou qu'il en aurait profité? Elles doivent être repoussées parce que, chez nous, le mandataire agit toujours au nom et pour le compte du mandant, et dès qu'il y a eu un mandat général, on ne peut pas dire qu'il a excédé ses pouvoirs comme on pourrait le dire s'il n'avait reçu qu'un mandat particulier.

CHAPITRE TROISIÈME

EFFETS DU PAIEMENT INDU.

Celui qui a reçu sciemment ou par erreur ce qui ne lui était pas dû (1376) doit restituer la chose même qu'il a indûment reçu ou son équivalent, c'est-à-dire une somme égale à sa valeur.

Lorsque la chose indûment payée est un corps certain et déterminé qui ne se consomme pas par l'usage, c'est la chose même *in individuo* qui doit être restituée. Si la chose, au contraire, se consomme par l'usage, si c'est une quantité (*res quæ pondere numero, mensurave constant*), l'*accipiens* devra rendre sa valeur seulement ou une quotité égale. Il en serait de même et on n'obtiendrait par la répétition que la valeur estimative, dans le cas où l'objet du paiement aurait consisté dans des services, dans une jouissance.

L'obligation de l'*accipiens* ne comprend pas, en général, uniquement l'objet reçu, mais aussi les accessoires de cet objet tels que l'augmentation survenue à l'immeuble par alluvion et les fruits perçus. Il faut toutefois soigneusement distinguer, aussi bien pour la répétition du principal que pour celle des accessoires, entre celui qui est de bonne foi et celui qui est de mauvaise foi.

Le paiement a été reçu de bonne foi. — Comme l'obligation de restituer découle de ce principe qu'on ne doit pas s'enrichir aux dépens d'autrui, il en résulte qu'elle s'arrête là où l'*accipiens* subirait une perte. Si la chose existe entre les mains de celui qui l'a reçue, il doit la rendre avec ses accessoires (art. 551), c'est-à-dire avec ce qui s'incorpore à la chose par droit d'accession. Le droit romain exigeait même qu'il restituât les fruits que la chose avait produits ou du moins le montant de la dépense que la consommation de ces fruits lui avait épargnée. Le Code s'est ici écarté complétement du droit romain. Le possesseur de bonne foi fait les fruits siens tant que dure sa bonne foi (549), et l'art. 1318, en n'imposant l'obligation de restituer les fruits qu'au possesseur de mauvaise foi, établit clairement que la même obligation n'incombe pas au possesseur de bonne foi. Dès qu'il vient à s'apercevoir que la chose ne lui était pas due, le possesseur tombe sous le coup de l'article. Du jour de la demande en répétition il est tenu des fruits et des intérêts, de ce jour il est en demeure.

Mais si la chose n'existe plus en sa possession parce qu'elle a péri par accident et sans son fait, il est libéré par la perte de la chose s'il s'agit d'un corps certain (1302) ; s'il s'agissait d'une chose *in genere* il n'en serait pas ainsi, car les dettes de genre peuvent toujours être acquittées : *genera non pereunt*.

La chose peut ne plus exister entre les mains de *l'accipiens* parce qu'elle a péri par sa faute ou par sa négligence ; est-il libéré ? L'art. 1379 répond à cette question d'une façon très-obscure. En principe le débiteur d'un corps certain n'est libéré que si la perte de l'objet dû ne provient ni de sa faute ni de son fait. Mais celui qui a reçu de bonne foi, n'étant tenu que *quatenus locupletior factus est,* ne devrait pas, ce semble, être responsable de sa négligence ; on ne peut lui faire aucun reproche d'avoir détérioré ou détruit la chose, puisqu'il s'en croyait propriétaire. *Qui rem quasi suam neglexit, nulli querelæ subjectus est.*

Le système romain a-t-il été maintenu par le Code ? Voici ce que dit l'art. 1379 : « Si la chose indûment reçue est un immeuble ou un meuble corporel, celui qui l'a reçue s'oblige à la restituer en nature si elle existe, ou sa valeur si elle est périe ou détériorée par sa faute ; il est même garant de sa perte par cas fortuit, s'il l'a reçue de mauvaise foi. »

Il semble résulter de cet article que l'*accipiens* de bonne foi qui a fait périr la chose est tenu de restituer la valeur ; en effet, la dernière partie de l'article, en s'occupant de la mauvaise foi pour lui imposer la garantie des cas fortuits, a l'air de faire antithèse à la disposition précédente qui s'applique alors aussi bien au possesseur de bonne foi qu'au possesseur de mauvaise foi.

Est-ce ainsi qu'il faut entendre cet article et faut-il croire que le principe si sage du droit romain a été abandonné par les rédacteurs du Code ? Nous préférons croire qu'il y a dans l'art. 1379 une rédaction vicieuse, que la comparaison de cet article avec l'art. 1380 rend à peu près évidente. L'art. 1380, en décidant que si celui qui a reçu de bonne foi a vendu la chose, il ne doit restituer que le prix de la vente, admet bien qu'il n'a pas à répondre de son fait. Il devrait être responsable, si on appliquait l'art. 1379 dans son sens apparent. Mais il n'est pas permis de supposer que les rédacteurs aient laissé subsister côte à côte une semblable antinomie, et il est préférable de penser qu'on ne peut pas regarder comme étant en faute celui qui n'a négligé une chose que parce qu'il la croyait sienne et pensait n'en devoir compte à personne. Donc, pour que la valeur de la chose soit due en cas de perte, il faut qu'il y ait mauvaise foi de la part du possesseur.

Paiement reçu de mauvaise foi. — Celui-là est de mauvaise foi qui dès l'abord savait recevoir une chose qui ne lui était pas due, ou qui dans la suite vient à reconnaître qu'il n'était pas créancier. L'*accipiens* de mauvaise foi étant gravement en faute doit subir des obligations plus rigoureuses que celui qui est de bonne foi. Aussi l'art. 1378 décide que si la chose est encore entre ses mains, « il est tenu de restituer tant le capital que les intérêts ou les fruits du jour du paiement. »

Il y a là, quant aux fruits, une application du principe général qui ne permet pas au possesseur de mauvaise foi de faire les fruits siens (549) ; mais il est non-seulement comptable des fruits qu'il a perçus, mais aussi de ceux qu'il a manqué de percevoir.

L'article ne fait pas de distinction. Cette dernière obligation, si dure qu'elle puisse paraître, ne rétablit en définitive le *solvens* que dans la situation où il aurait été sans la mauvaise foi de l'*accipiens*, et n'est que l'application exacte de l'article 1382.

C'est à partir de sa mauvaise foi, soit du jour même du paiement, soit du jour où il a eu connaissance qu'il n'était pas créancier, qu'il est en demeure et qu'il doit les fruits et les dommages-intérêts (1146), et les intérêts s'il s'agit d'une somme d'argent. Voilà un de ces cas où indépendamment de toute demande, les intérêts courent de plein droit.

Dans le cas où, au moment de la demande en restitution, la chose n'existe plus entre les mains de l'*accipiens*, l'obligation de restituer en nature ne peut plus s'accomplir, mais elle peut, suivant les circonstances, se transformer en une obligation de dommages-intérêts. L'*accipiens* de mauvaise foi est de plein droit en demeure de restituer la chose, aussi est-il responsable des détériorations et de la perte arrivée même par cas fortuit (1378 *in fine)*. Mais doit-il être assimilé au voleur et est-il responsable quoique la chose eût également péri chez le *solvens ?* Nous ne le pensons pas ; la loi ne fait d'exception que pour le voleur, et bien que la mauvaise foi de l'*accipiens* soit très-blâmable, ce n'est cependant pas un vol.

Une question grave et controversée est celle de savoir si l'action en répétition est réelle ou personnelle. Si la chose payée à une personne qui la reçoit de bonne foi est un meuble ou un immeuble auquel se soit déjà appliquée la prescription de dix ou de vingt ans, le tiers détenteur, d'après la disposition des articles 2279 et 2265, ne pourra être inquiété ; d'un autre côté, les rapports entre le *solvens* et l'*accipiens* seront réglés par l'art. 1380. Si l'*accipiens* a aliéné de bonne foi, il n'aura qu'à restituer le prix de vente, si de mauvaise foi, il devra toute la valeur de la chose. Mais dans les autres hypothèses où la chose payée étant un immeuble, n'aura pas été prescrite par le tiers détenteur, y aura-t-il revendication entre les mains de ce tiers ?

En droit romain, celui qui avait payé par erreur n'avait pas la revendication, il n'avait que la *condictio*, action personnelle. Le paiement avait transféré la propriété, quoique fait sans cause ; l'*accipiens* étant propriétaire pouvait concéder aux tiers des droits sur la chose, droits que le répétant devait nécessairement respecter.

L'ancienne jurisprudence suivait la même doctrine ; en est-il de même sous l'empire du Code ? Il y a sur ce point plusieurs systèmes. Dans un premier on fait une distinction entre le cas où le tiers acquéreur aurait reçu à titre onéreux et celui où il aurait reçu à titre gratuit. Cette distinction ne nous paraît pas admissible ; ce tiers est ou n'est pas devenu propriétaire. Dans un autre système on admet que le paiement indû transfère la propriété ; seulement cette propriété n'a reposé sur la tête de l'*accipiens* qu'un instant de raison, car aussitôt est née l'obligation de la retransférer ; or cette obligation opère translation à l'instant même où elle est née (art. 1138). Il en résulte que le *solvens* pourra revendiquer entre les mains des tiers acquéreurs, puisqu'il est devenu propriétaire ; mais comme la propriété est restée un instant de raison sur la tête de l'*accipiens*, celui qui répétera sera bien obligé de respecter les hypothèques légales dont l'immeuble a été grevé durant cet instant de raison. Il faut supposer dans ce système que toute obligation de transférer la propriété opère *ipso facto* la translation, tandis qu'elle est le résultat de la convention. Les rédacteurs du Code, en déclarant que la propriété pourra désormais se transmettre par l'effet des obligations, n'ont fait que sous-entendre dans les contrats la clause de dessaisine qui, dans l'ancien droit, équivalait à une tradition réelle et transférait la propriété ; ils n'ont voulu parler que des contrats dans lesquels il s'agit de transférer la propriété d'une chose. Mais cette translation de propriété ne peut avoir lieu dans les quasi-contrats. Si elle avait lieu dans ces relations qui se forment sans la volonté des parties, elle aurait lieu à leur insu et pourrait leur rester longtemps inconnue.

Une autre opinion admet en principe que la propriété n'a pas été transférée, et que par conséquent la revendication est possible; seulement elle admet en même temps un tempérament d'équité; argumentant de l'art. 1380, les partisans de ce système ne permettent pas de revendiquer contre le tiers détenteur qui est de bonne foi, car ce tiers a droit à des dommages-intérêts si on l'évince, et c'est l'*accipiens* qui doit les lui payer; mais, d'un autre côté, ce dernier ne doit rembourser au *solvens* que le prix de vente, c'est-à-dire qu'il ne doit supporter aucune perte par suite de ce paiement indû. Or, qu'arrivera-t-il si on permet la revendication? l'acquéreur réclamera du vendeur des dommages-intérêts, et celui ci subira une perte.

Dans notre opinion, la question doit ainsi être posée : la propriété est-elle ou non transférée par le paiement indû? Si on décide, comme en droit romain, qu'elle a été transférée, il faut respecter les tiers détenteurs; si on décide le contraire, le *solvens* doit avoir la revendication aussi bien contre le tiers de bonne foi que contre le tiers de mauvaise foi.

Les principes généraux du Code civil nous dictent cette solution. Le paiement indû n'a pu transférer la propriété puisqu'il est nul faute de cause (art. 1131). S'il en était autrement en droit romain, c'est que la volonté seule suffisait pour que le paiement fut translatif de propriété : sous l'empire du Code, la volonté dénuée de toute cause juridique ne produit pas de résultat, pas plus que la volonté de contracter une obligation ne pourrait pas produire une obligation si elle était fondée sur une fausse cause. La tradition faite par le *solvens* n'a pu être translative de propriété à aucun titre, ni à titre de paiement, puisque le paiement est nul, ni à titre de donation, puisque le *solvens* voulant faire un paiement n'a pas entendu faire une donation.

Si l'*accipiens* est de bonne foi, il ne devra pas subir de perte par suite du recours du tiers, et il pourra se faire rembourser par le *solvens* les dommages-intérêts qu'il sera obligé de payer lui-même au tiers acquéreur évincé.

Il peut arriver que la chose ait augmenté de valeur ; si c'est par suite d'un cas fortuit, l'augmentation profitera à celui qui exercera la répétition : si, au contraire, l'augmentation de valeur résulte des dépenses qui ont été faites par le possesseur, il devra lui en être tenu compte.

Voici comment s'exprime l'art. 1381 qui règle ce point : « Celui auquel la chose est restituée doit tenir compte, même au possesseur de mauvaise foi, de toutes les dépenses nécessaires et utiles qui ont été faites pour la conservation de la chose. »

La rédaction de cet article est à la fois inexacte et incomplète : elle est inexacte, en parlant de dépenses nécessaires et utiles faites pour la conservation de la chose. Car toute dépense faite pour la conservation de la chose est une dépense nécessaire, et l'article confond les dépenses nécessaires avec les dépenses seulement utiles, qu'il faut prendre soin de distinguer. Il résulte de cette rédaction incomplète, qu'il faut s'en tenir au droit commun pour les dépenses utiles et voluptuaires.

CHAPITRE QUATRIÈME.

PREUVES DU QUASI-CONTRAT DE L'INDU.

La personne qui vient réclamer ce qu'elle prétend avoir indûment payé doit prouver qu'elle a effectué un paiement, que la dette qu'elle a payée n'existait pas, et enfin qu'elle a payé par erreur. On controverse la question de savoir si elle doit aussi prouver l'erreur.

La preuve du paiement doit se faire par écrit, si celui qui réclame prétend avoir versé une somme supérieure à 150 fr. Du moins on l'admet généralement. On peut soutenir le contraire en argumentant de l'art. 1348, où il est dit que les quasi-contrats peuvent toujours être prouvés par témoins; on répond que cette règle ne s'applique qu'aux quasi-contrats dont il a été impossible de se procurer une preuve écrite. Or, celui qui a payé ce qu'il ne devait pas a pu se faire donner une quittance; il ne lui a

pas été impossible de faire constater par écrit la ré-
ception du paiement.

Tout paiement supposant une dette (1235), il faut
de plus que le *solvens* prouve qu'il n'était pas débiteur. Mais comment prouvera-t-il qu'il n'était point
débiteur ? Faudra-t-il qu'il prenne une à une toutes
les causes d'obligation, pour montrer que chacune
d'elles a fait défaut ? Le plus souvent une quittance
énoncera la cause de l'obligation, il n'aura qu'à établir la fausseté de cette cause. Aucune cause de paiement ne fût-elle énoncée, le tribunal aurait toujours
la faculté de forcer le défendeur à en désigner une
que le demandeur n'aura plus dès lors qu'à com-
battre.

Si le demandeur affirme avoir payé entre les mains
du défendeur qui le nie, et que le paiement soit
prouvé, le défendeur, à raison de sa mauvaise foi,
pourra être contraint à faire la preuve de l'existence
de la dette. En niant le fait du paiement, il a élevé
contre lui une présomption qu'il doit détruire.

Une fois ces deux faits établis, qu'il y a eu paiement, et que la dette payée n'existait pas, reste la
question de savoir si le demandeur en répétition a ou
non payé, sachant bien qu'il n'était pas débiteur.
Est-ce alors à lui à prouver son erreur? N'est-ce pas,

au contraire, au défendeur à prouver que le paiement a été fait en parfaite connaissance de cause? Il est généralement admis que c'est au demandeur à prouver son erreur, car l'erreur ne se présume pas. Dans l'opinion contraire qui nous paraît préférable, on répond que les libéralités ne se présument pas non plus. L'acte ayant été qualifié d'acte à titre onéreux par les parties doit valoir en cette qualité jusqu'à ce que la preuve de sa fausseté soit faite. Dans l'espèce, c'est le défendeur qui le prétend mensonger, c'est donc à lui à prouver la vérité du fait qu'il avance.

L'action en répétition se prescrit par trente ans d'après la règle du droit commun (2262).

DROIT ROMAIN.

I. On peut répéter ce qui a été payé indûment par erreur de droit.

II. Les jurisconsultes étaient divisés sur la question de savoir si le pupille obligé *quatenus locupletior* par les paiements indus qui lui avaient été faits, était obligé au-delà naturellement.

III. Le pacte nu produisait une obligation naturelle.

IV. L'*accipiens* de mauvaise foi ne commettait pas un vol par cela seul qu'il savait que la chose ne lui était pas due.

V. Le débiteur sous alternative a le choix dans la répétition de la chose, quand il a payé par erreur les deux choses à la fois.

VI. Celui qui paie l'une des deux choses dues sous

une alternative, ignorant qu'il avait le choix de payer l'autre, peut répéter.

VII. Celui qui paie par erreur pouvant invoquer l'exception *rei judicatæ* ne peut pas répéter.

VIII. Celui qui paie pouvant invoquer l'exception *doli mali* peut répéter s'il a payé par erreur.

IX. Celui qui paie sciemment peut répéter ce qui excède le taux de la loi Cincia.

X. L'héritier qui, par erreur a omis de retenir la quarte Falcidie peut répéter.

DROIT FRANÇAIS.

I. On peut répéter ce qu'on a payé par erreur de droit.

II. Le débiteur qui paie par erreur avant le terme peut répéter.

III. Celui qui a payé un immeuble qu'il ne devait pas a la revendication contre les tiers.

IV. Celui qui a payé sciemment ce qu'il ne doit pas, ne peut être considéré comme ayant voulu faire une donation ; il pourra répéter, quand il se trouvera dans le cas de l'article 1376. L'erreur n'est exigée que dans le cas de l'article 1377

V. L'adjudicataire évincé a l'action en répétition du prix contre les créanciers saisissants, et l'action en garantie contre le saisi.

VI. Bien que le délégué se soit cru à tort débiteur du déléguant et que, par suite de cette erreur, il ait consenti à la délégation, il ne peut répéter du délégataire ce qu'il lui a payé.

VII. Celui qui a reçu indûment et de mauvaise foi la chose d'autrui est libéré par la perte de la chose survenue par cas fortuit, s'il peut établir que la chose aurait également péri chez le propriétaire.

VIII. Le débiteur sous alternative, qui paie par erreur les deux choses dues, a le choix dans l'action en répétition.

IX. Le débiteur sous alternative qui, se croyant débiteur pur et simple, a payé l'une des choses dues, a le droit de la répéter pour payer l'autre.

X. Celui qui a reçu de bonne foi une chose qui ne lui était pas due, et qui est encore de bonne foi au moment où il l'a détruite ou détériorée n'est pas responsable de cette perte ou de cette détérioration.

XI. Si la chose indûment payée est un immeuble, et si le possesseur a fait sur cet immeuble des constructions ou plantations, l'indemnité à laquelle il a droit est réglée par l'art. 555.

XII. C'est au défendeur qu'incombe la charge de prouver l'absence d'erreur.

XIII. La répétition est admise à l'égard des obligations naturelles qui n'ont pas été acquittées en connaissance de cause.

XIV. On ne doit pas assimiler au détenteur précaire le vendeur qui n'a pas livré la chose.

XV. L'article 2225 n'a trait qu'au principe de l'article 1166 ; il ne fait pas exception au principe de l'article 1167 qui exige la fraude.

XVI. Les enfants renonçants ou indignes ne comptent pas pour le calcul de la réserve.

XVII. L'héritier du donateur peut opposer au donataire le défaut de transcription de la donation.

XVIII. Le mariage entre un français et une étrangère célébré par un consul ou un agent diplomatique français est valable.

DROIT CRIMINEL.

I. Les aggravations de peines résultant de circonslances personnelles à l'auteur principal ne doivent pas s'étendre au complice.

II. Le décès du mari éteint l'action en adultère poursuivie par le ministère public sur la plainte du mari.

Vu par le Président de la Thèse,

G. DEMANTE.

Vu par le Doyen,

G. COLMET-DAAGE.

Vu par le vice-recteur de la Faculté,

MOURIER.

872 — Abbeville, imp. Frlez, C. Paillart et Retaux.